Seydou KONE

El Hijo Maldito

Seydou KONE

El Hijo Maldito

Teatro

JustFiction Edition

Imprint
Any brand names and product names mentioned in this book are subject to trademark, brand or patent protection and are trademarks or registered trademarks of their respective holders. The use of brand names, product names, common names, trade names, product descriptions etc. even without a particular marking in this work is in no way to be construed to mean that such names may be regarded as unrestricted in respect of trademark and brand protection legislation and could thus be used by anyone.

Cover image: www.ingimage.com

Publisher:
JustFiction! Edition
is a trademark of
Dodo Books Indian Ocean Ltd. and OmniScriptum S.R.L publishing group

120 High Road, East Finchley, London, N2 9ED, United Kingdom
Str. Armeneasca 28/1, office 1, Chisinau MD-2012, Republic of Moldova, Europe
Printed at: see last page
ISBN: 978-620-6-74226-5

Seydou KONE

El Hijo Maldito

Teatro

Traducción de N'guessan Konan Pascal

A mi padrino, el escritor Isaïe Biton Koulibaly

A mi prima, Koné Daisy

Os dedico esta obra

Los personajes:

1 – Tiacoh : estudiante de instituto, padre de Dieudonné

2 – Akoua : colegiala, madre de Dieudonné

3 – Béda : maestro, padre de Tiacoh

4 – Bomo : madre de Tiacoh

5 – Kassiya : madre de Akoua

6 – Makognon : Amiga de Akoua

7 – Moularé : Estudiante de instituto, amigo de Tiacoh

8 – Dieudonné : Hijo de Tiacoh y de Akoua

9 – Blami victoire : vendedora de verduras

10 – Tiba Bi : Ecónomo del instituto Saint Pierre

11 – Akim Boni : Director del Instituto Saint Pierre

12 – Prégnon : consultor de educación en el instituto Saint Pierre

13 – Ladji : chofer de taxi

14 – Affidan : amigo de Ladji

15 – Koissy: Educadora en el instituto Saint Pierre

16 – Sérébou: Camarera

17 – Salimata: Hermana menor de Ladji

ACTO 1

Escena 1

(La escena se desarrolla en el seno del instituto Saint Pierre. Es el recreo, los amigos, Tiacoh y Moularé se abrigan bajo un árbol para beber jugo de naranja y debatir entre amigos.)

TIACOH

Amigo mío me estas envenenando con el humo de tu cigarrillo. Las normas de procedimientos del instituto nos prohíben fumar aquí.

MOULARE

No creo que fumar sea prohibido aquí en nuestro instituto, nuestro profesor de matemáticas quema cuatro sino cinco tallos de cigarrillo mientras nos imparte el saber, el conocimiento.

El rector también fuma a la vista de todo el mundo. ¿Cómo el cigarrillo en el instituto cuando sabemos que los superiores ellos mismos no respetan las normas del dicho instituto?

TIACOH *(silencioso)*

¡Tienes toda la razón! La actitud vergonzosa de algunos docentes lleva a pensar que será difícil prohibir el consumo del cigarrillo en los centros escolares.

MOULARÉ

El lunes pasado, el docente de geografía llego completamente borracho a clase. Este último tenía dificultades para mantenerse de pie, finalmente, cayo violentamente.

TIACOH

Hoy en día, los padres se quejan cada vez más de la falta de respeto de los alumnos hacia sus profesores. Estos se olvidan de que a veces algunos profesores provocan esta falta de respeto por sus conductas inapropiadas.

¡Todo es conocido y visto en esta pequeña ciudad. Algunos profesores dedican sus horas libres en el consumo de alcohol con sus alumnos en los garitos y clubes nocturnos.

Otros tienen sexo con las alumnas, algo estrictamente prohibido por las leyes del país. Acabo de enterarme de que el señor ecónomo de la escuela tiene sexo regularmente con algunas chicas por dinero. Al comienzo de la semana, un estudiante de la secundaria se fue al economato para pagar su escolaridad. Sin tocar, este repentinamente abrió la puerta y grande fue su sorpresa cuando vio al señor con una alumna en pleno acto sexual sobre la mesa. Rápidamente, la noticia se extendió por toda la ciudad.

TIACOH

¡Qué vergüenza para la escuela! ¡Qué vergüenza para el sistema educativo! El ministerio de la educación nacional, los actores del sistema educativo, los padres de los alumnos… deben tomar medidas para mejorar la imagen de la escuela.

MOULARÉ

Deben pensar excepcionalmente en el rediseño del sistema. Cuyo rediseño tendrá como objetivo ofrecer premios y becas a los estudiantes estudiosos, contratar profesores calificados y competentes para dar clases.

TIACOH

Moularé, me gustaría confiar en ti. Desde hace cuatro semanas la educadora señora Koissy me acosa.

MOULARÉ (sorprendido)

Seas más explícito. ¿Qué quiere exactamente la educadora?

TIACOH

El pasado miércoles, me llamó en su oficina, me dijo que siente algo por mí. Además, me da dinero constantemente para mis gastos personales.

MOULARÉ (siempre sorprendido)

¿Cuál fue tu reacción?

TIACOH (cara seria)

Le dije que ya tengo una novia que se llama Akoua. Le dije también que no puedo tener sexo con ella por varias razones.

MOULARÉ

¿Cuáles son pues tus razones?

TIACOH

La señora Koissy está casada y tiene una hija hermosa. Por encima, puede ser mi madre dado le brecha de edad entre ella y yo.

MOULARÉ

¿Cómo reacciono después de tus comentarios?

TIACOH

Al instante, me amenazó verbalmente. Me prometió darme una mala nota en conducta el próximo trimestre, si me niego a tener sexo con ella. La Sra. Koissy me dijo también que no hay ningún problema que una persona de edad avanzada tenga sexo con otro más joven.

MOULARÉ

¿Por qué siente algo por ti?

TIACOH

Después de un rato de ira, me susurró al oído que su marido es sexualmente impotente hace seis meses. Este es comparable a un vehículo sin combustible.

MOULARÉ *(de repente triste)*

¡Qué pena para esta dama! En cuanto a ti, te aconsejo que te alejes de ella, está casada. Puede solicitar el divorcio y volver a casarse con otro hombre.

TIACOH *(mirando su reloj)*

Se acabó el recreo, vámonos a clase para seguir la clase de filosofía.

(Suena la campana de la escuela. Tiacoh y Moularé se apresuran para ir a su aula)

Escena 2

La escena se desarrolla bajo la marquesina. Este sábado, Tiacoh vino a buscar a su novia Akoua para divertirse en la famosa discoteca «le Diplo». Después de saludar amablemente Kassiya se instala en una silla hecha con rafia.

AKOUA *(alegre)*

Hola Tiacoh, estoy muy bella esta tarde. ¿Qué piensas de mi vestimenta?

TIACOH *(la cara obscura)*

Sin mentirte, estás mal vestida. La camisola roja deja ver tu pecho. Tu falda negra, con su manga abertura también expone tus muslos ostensiblemente.

AKOUA *(repentinamente enojada)*

Hoy en día, muchas chicas siguen la moda y se visten así. Yo no puedo cubrir mi cuerpo como una anciana. La gente puede decir lo que piense, puede criticar mis vestidos; me visto para complacerme no para complacer a la gente.

TIACOH *(triste)*

Yo no estoy en contra de la moda. Sin embargo, no hay que seguirla pisoteando la moral y las buenas costumbres.

Luego de exponer tu pecho y tus muslos a toda la gente no creo que alguien quiera entablar una relación seria contigo.

Nuestras madres se vestían hasta cubrir todo el cuerpo, es por eso que se casaban en su mayoría. Por si no lo sabes te lo quería notar, te vistes para complacer a la gente. De hecho, deja la gente apreciar tu vestimenta. Si me quieres seguir, será mejor quitarte estas ropas ofensivas.

(Akoua vuelve a su habitación para ponerse ropas aceptables. Después de escuchar la charla, Kassiya se acerca de Tiacoh)

KASSIYA

Mi hijo, gracias por tus consejos, como madre, estoy avergonzada chicas vestidas con atuendos que exponen sus partes privadas.

Mi hija lo ignora tal vez, pero yo también he conocido la juventud. Llevábamos hermosas faldas, vestidos que cubrían las partes íntimas. Los hombres apreciaban nuestros vestidos y sobretodo nos respetaban.

TIACOH

Mama, vuestra época es desafortunadamente pasada. En la actualidad, las chicas no solo no conocen la vergüenza, el orgullo, el honor sino también la moral.
No les molestan ligar con hombres en las plazas públicas. El pasado lunes, en el parking del liceo unas chicas introdujeron un montón de cartas por las lunas del coche del censor.

KASSIYA (*Asombrada*)

¿Qué estaba escrito en esas? ¿Por qué introducir cartas en el auto de su superior?

TIACOH (*fijando a la señora por los ojos*)

El censor y el director se fueron a todas las aulas para leerlas. Y en ellas estaba mencionado el encanto, los vestidos impecables, el hermoso caro del censor. Además, mencionaron en dichas cartas, su amor por él. Los contenidos de estas diversas cartas chocaron los profesores, los padres de los alumnos…

KASSIYA (*todavía asombrada*)

¡Qué bajeza por parte de estas chicas! ¿Por qué lo hicieron?

TIACOH

Las mujeres de su generación de su generación trabajan para no depender financieramente de un hombre. Mi tía pudo construir su propia casa gracias a sus propios ahorros cuando trabajaba como funcionaria.

En la actualidad, hay muchas mujeres que quieren gozar de una vida lujosa sin ningún esfuerzo. Otras hablan de emancipación sin saber la quintaesencia de esta palabra. Estas chicas que le escribieron al censor lo hicieron para conquistar al señor censor porque tiene un trabajo estable y tiene dinero si llegan a conquistarle, cubrirá sus necesidades y gastos personales.

KASSIYA

Eres muy inteligente. La palabra emancipación que empleaste, un par de mujeres la interpretan muy mal a día de hoy. La emancipación no significa faltar el respeto a su marido, llevar vestidos ofensivos para seducir los ricos. La emancipación más bien es el dinamismo de la trabajadora, la independencia de ésta para competir con los hombres en todos los dominios de actividad.

(Akoua sale lucida con vestidos muchos más decentes sale y se acerca de su madre y su novio Tiacoh. Este la complementa)

TIACOH *(muy alegre)*

Ahora, estás muy bien vestida, todo el cuerpo está cubierto. Bueno, creo que ya perdimos mucho tiempo nos vamos al disco.

AKOUA

Gracias por los complementos, vámonos.

KASSIYA *(dirigiéndose a su hija)*

Estoy orgullosa de tu ropa. La mujer se caracteriza por la virtud, la dignidad, la moral, el respeto, la sumisión…

¡Diviértanse bien! Y consuman con moderación.

(Los dos jóvenes salen del patio y van rumbo a la discoteca)

Escena 3

(La escena pasa en la discoteca «le Diplo». Instalados cómodamente, Tiacoh y Akoua esperan impacientemente su pedido. Sérebou, la mesera se acerca de Tiacoh para notar su pedido. Sigue una conversación)

SÉREBOU *(sonriendo)*

Hola señor y señora, bienvenidos a *Le Diplo,* ¿Qué les sirvo?

TIACOH *(relajado)*

¡Buenas tardes señora! Sirva una cerveza a mi amiga, en cuanto a mí un jugo de naranja. Como sea, tráiganos una botella de cerveza y otra de jugo.

SÉREBOU *(estupefacta)*

Les traigo su pedido dentro de poco. Pero, es la primera vez que un hombre pide otra cosa que la cerveza aquí, usted me impresiona.

TIACOH *(mirando a la mesera)*

No hay nada de sorprendente. ¿No consumo el alcohol por muchas razones? Tráiganos lo que hemos pedido.

SÉREBOU

Ya voy. Hay sorpresas que les esperan en un rato.

(Un instante después, la camarera trae el pedido de sus clientes).

TIACOH (*hablando a su novia*)

Hay algunos amigos de clase que reconozco a la mesa siete.

AKOUA

Sin duda ninguna, suelen venir aquí mientras yo estoy hoy por primera vez. Tus camaradas tiran dinero al DJ. ¿De dónde sacan este dinero?

TIACOH (*la cara oscura*)

Es sorprendente que alumnos tiren tantos billetes en el letrista de la discoteca. Este dinero es lícito y sucio.

AKOUA (*acercándose de su amante*)

Explícame, ¿de dónde proviene este dinero?

TIACOH

Te acuerdas conmigo de que estos alumnos no ejercen ninguna actividad para generar un sueldo como lo que están gastando. Estafan a las honestas personas por medio del internet. Sus presas favoritas son los europeos.

AKOUA (*acariciando la mano de su novio*)

En mi clase algunos, algunos alumnos hacen referencia peculiarmente a la palabra *broutage*, ¿es esta una nueva forma de estafa?

TIACOH

El *broutage* es una estafa por internet.

Ellos crean falsos perfiles por el internet con fotos de bellas y rollizas chicas, les seducen y luego les piden mucho dinero, que son en particular blancos y ricos.

Hechizados por la atracción, la corpulencia, estos transfieren sumas inimaginables por algunos servicios de transferencia para los *brouteurs*. En el acto, no se dan cuenta de que han sido estafados.

AKOUA *(silenciosa)*

¡Qué ingenuidad! ¿Cómo enviar dinero a alguien que no conocen?

TIACOH *(sonríe un momento)*

Cuando ven las fotos, las emociones superan la razón. Como estos hombres están obsesionados con la conquista de chicas, les envían dinero para impresionarlas. Muchos estafadores usan órganos humanos especialmente los dedos, la lengua, las orejas… para obtener lo que quieren. Recitan conjuros con los nombres de las personas que desean defraudar. Lo más impactante es que los estudiantes de secundaria, y los adolescentes que apenas tienen 15 años de edad y que están involucrados en el delito cibernético.

Ha empañado significativamente la imagen del país en exterior.

AKOUA *(Casi llorando)*

Nuestra juventud está en la calle, se caracteriza por la ganancia fácil, la mediocridad, la diversión y la perfidia.

TIACOH *(tosiendo)*

El declive de nuestra juventud se explica por una falta de educación. Algunos padres, afectados por la miseria animan a sus hijas a hacer todo hasta la prostitución con fin de ganar dinero.

Conozco a un padre que anima a sus hijos a estafar los europeos. Hay personas que piensan que ser pobre es una razón suficiente para ganar dinero de cualquier manera.

AKOUA

El Estado debe tomar medidas al infligir fuertes penas de cárcel a los estafadores. La policía económica debe de manera imprevista visitar a los cibercafés con el fin de arrestar posibles ladrones. Para trabajar con eficiencia la policía debe colaborar con los responsables de los cibercafés.

TIACOH *(visiblemente cansado)*

Voy a pagar la cuenta en el cajero. En unos pocos minutos, chicas, principalmente chicas de secundaria y universitarias vendrán a bailar desnudas en este sitio adaptado. Mi padre me decía esto, cuando se busca el mal se lo encuentra. Y yo no tengo ninguna gana de causar la ira de Dios.

AKOUA

Démonos prisa para salir de este lugar satánico, libertino. Tienes razón ya veo chicas desvistiéndose detrás de mí.

(El joven y su novia salen de repente de «el diplo». Afuera, el aire fresco sopla del este al oeste. Rápidamente se ponen en camino en un callejón prometiéndose nunca volver a poner un pie en este lugar.)

ACTO 4

Escena 1

(La escena pasa en la biblioteca municipal de la ciudad. Asentadas alrededor de una mesa pintoresca, Akoua y su amiga Makognon se dedican a su pasión, la lectura. Intercambian ideas por momentos.)

AKOUA

Amiga, esta biblioteca es un tesoro para nosotros alumnos y estudiantes de esta ciudad, porque tiene una diversidad de libros. Además, una biblioteca representa una riqueza cultural para la ciudad, así como la juventud.

MAKOGNON *(dando palmaditas en la mesa)*

Sinceramente, la biblioteca municipal nos ocupa el sábado y domingo. Los alumnos que antes se mostraban reacios la frecuentan cada vez más ahora. Hay entusiasmo alrededor de los libros. Funcionarios y otras personas que ejercen otras actividades vienen a buscar el conocimiento y el saber. Esto demuestra lo importantes que son los libros para la vida humana, mejor dicho, la sociedad.

AKOUA *(actuando con gesto)*

La lectura ocupa un lugar importante en la sociedad, tiene poderes secretos. De hecho, la lectura nos cultiva, nos permite saber nombre de ciudades, países, autores…

La lectura es algo muy vasto y sin límite real, nos permite conocer otras culturas además de la nuestra; desarrolla la imaginación del lector. Al leer un libro, nos imaginamos la escena, la decoración, los personajes… que actúan en el libro.

MAKOGNON

La lectura tiene poderes escondidos.

AKOUA

¡Por supuesto ¡no todos saben sus ventajas; quizás se esplique por la falta de biblioteca y librerías en muchas ciudades del país.

Cuando leemos aprendemos a mejorar la ortografía. Él que lee memoriza la estructura de las palabras. El lector enriquece su vocabulario leyendo libros. Descubriendo nuevas palabras que busca sus sentidos. Te informo que la lectura nos ocupa, nos apacigua, nos llena el tiempo libre. Se puede leer tranquilamente viajando, o en una sala de espera en un hospital, por ejemplo.

MAKOGNON

Tienes toda la razón. Desde que me he matriculado a la biblioteca municipal, mis notas de dictado y redacción van mejorándose cada vez más. Me expreso mucho mejor en francés.

Talvez no lo sabes, nuestra ciudad es la única en tener una gran biblioteca en este magma comarca. Es muy preocupante.

AKOUA

Es cierto, una triste constatación, espero que las autoridades municipales lo van a tomar en serio instalando otras bibliotecas. Contribuirán así a la emancipación del nuevo talento africano.

MAKOGNON

¿Qué libro estas hojeando?

AKOUA

Estoy leyendo el relato *Terre Ivoirienne* del famoso escritor marfileño Amadou KONE. Es una obra apasionante que muestra las riquezas culturales, los sitios turísticos y diversos paisajes del país. Este escritor ha marcado la literatura gracias a la sencillez de su estilo, la cualidad de sus textos también gracias a sus tramas que a veces nos llevan hasta llorar. Y tú, ¿de qué trata el libro que estás leyendo?

MAKOGNON*(sonriendo)*

Estamos leyendo obras de escritores de una misma familia, mejor dicho, estoy leyendo un libro de juventud escrito por Mari Lee Martin Koné la esposa de Amadou KONE.

AKOUA

Es una familia de escritores. ¿Cómo se intitula la obra?

MAKOGNON

Pain Sucré es el título de la obra. Fue un éxito total en los años 1984. Por fin seydou KONÉ, el sobrino de Amadou KONE acaba de publicar también dos obras intituladas *Le Péché y La Déchirure.*

AKOUA *(siempre atónita)*

Ésta es una familia de artistas. Afortunadamente la biblioteca no autoriza traer libros a casa, luego seguiremos con la lectura.

(Las dos amigas salen de la biblioteca muy alegres agradeciendo al bibliotecario.)

Escena 2

(La escena tiene lugar en el salón de Affidan. Acostado en un diván, tiene la sorpresa visita de su amigo Ladji)

AFFIDAN *(sorprendido en el diván)*

Amigo Ladji, siéntate a mi lado, sin equivocarme, trabajas el sábado. ¿Cuáles son las noticias?

LADJI *(triste)*

Efectivamente debería estar conduciendo mi taxi a esta hora, pero decidí dejar el vehículo. Una escena me escandalizó.

AFFIDAN

¿Qué es lo que te afectó? ¿Háblame de esta escena que tanto te trastorna?

LADJI

Hace menos de dos horas, dos muchachos subieron en mi taxi iban al hogar de jóvenes. Cuando eché un vistazo en el retrovisor fue una gran sorpresa verlos abrasándose apasionadamente sin avergonzarse.

AFFIDAN *(súbitamente relajado*

No veo nada preocupante cuando dos hombres se abrazan.

LADJI *(alzando la voz)*

¡Déjame ir al cabo de mis ideas! Los dos se besaban y se acariciaban.

AFFIDAN (*limpiando la cara con una toalla*

¡Qué locura! ¡Qué abominación! Y ¿Cómo reaccionaste después de esta escena vergonzosa?

LADJI (*Tomando jugo de limón*)

Me paré unos metros antes la rotonda de la ciudad e inmediatamente les pedí a los dos homosexuales que bajaran de mi taxi. Luego, conduje muy rápido hasta mi casa para estar en familia.

AFFIDAN (*sonriendo un instante*)

Acabas de pasa un mal instante. Sinceramente, no me sorprende lo que me cuentas. La semana pasada, entendí que el propietario del edificio rosado siente algo por otros hombres y todo el barrio habla.

LADJI (*Asombrado*)

La humanidad va continuamente a la ruina. Dos personas del mismo sexo que tienen relación sexual o forman pareja.

AFFIDAN

¡Es una pena! ¡Triste humanidad!

LADJI (*enojado*)

Nos quejamos de que las catástrofes naturales tales como las polveras, los tsunamis, las inundaciones… destruyan nuestro planeta. Esas, generalmente acarean la destrucción de las propiedades sin olvidar las muertes que cubren los lugares después de sus pasos. Quizás, estas catástrofes las causan nuestras actitudes descarriadas. Cada día que pasa el ser humano se aleja de la razón con sus actos impensables.

AFFIDAN

¿Honestamente, adónde va nuestra humanidad? Hoy día, lo ilegal se ha vuelto legal.

LADJI

¡Desgraciadamente, es una triste realidad! Hablemos de otra cosa, no he visto a tu hija Bintou desde que llegué.

AFFIDAN

Ahora, vive con mi hermano mayor. Sigue estudiando, espero que encontrara después de sus estudios un buen hombre que le convendrá para formar una buena pareja, eso lo espero bien.

LADJI (*tosiendo*)

Sin procrastinar, me gustaría que Bintou fuera mi secunda esposa, ¿Qué piensas?

AFFIDAN (*endureciendo la voz*)

¿Te gustaría saber lo que pienso? Eres un hombre sin escrúpulo. Me acabas de insultar, mi hija nunca se casará con un analfabeto. Has dañado nuestra amistad, ¡Sal de mi casa?

LADJI (*se burla riéndose*)

Me estaba preparando para irme de aquí. Espero que nunca más necesitaras de mi ayuda financiara. Me quiero casar con tu hija para salirte de esta miseria, pero me doy cuenta de que te gusta la precariedad en la que vives.

(Después de dejar al piso de soltero, Affidan se acuesta de nuevo en su diván. Pasa su tiempo libre hojeando sus viejos periódicos)

ACTO 3

Escena 1

(Recibido por el director en su oficina, Pregnon se instala en una silla de fortuna. Ambos discuten de la actitud de los alumnos del instituto)

AKIM BONI

Señor educador, me atrevo a creer que los alumnos obtuvieron buenas notas este trimestre.

PREGNON *(hojeando un registro que tiene)*

Este trimestre fue catastrófico. Los educadores notaron muchas horas de ausencias a las horas de clase.

AKIM BONI *(con voz baja)*

¿Qué les pasa por la mente estos alumnos? ¿no saben que los estudios son una vía para su futuro?

PREGNON

Señor director, las recientes sanciones no les sirvieron de lecciones. En efecto, estos tomaron la mala costumbre de dibujar sobre las paredes del liceo, sus grafitis son visibles en algunas salas.

AKIM BONI

Tendremos un encuentro la próxima semana con los padres de alumnos para informarles del comportamiento vergonzoso de sus hijos y tomar castigos severos para el futuro.

PREGNON

Más de cincuenta chicas han abandonado la escuela por caso de embarazo. Los embarazos en el medio escolar se están volviendo repetitivos.

AKIM BONI

Escuché sobre chicas de secundaria que se embarazan cada vez más en nuestro instituto. ¿Quiénes son los que arruinan el porvenir de estas jóvenes?

PREGNON

Generalmente, los chicos del instituto, son ellos los responsables de estos embarazos. Y también, hay algunos docentes.

AKIM BONI

El Estado debe tomar sanciones disciplinarias y penales con respecto a estos docentes. Están reclutados para educar, dar clase a los alumnos peros nos para acostarse con las alumnas.

PREGNON

Estoy totalmente de acuerdo con usted. Sin embargo, las chicas a veces son quienes acosan a los profesores.

AKIM BONI

¿Qué quieres decir?

PREGNON

Las chicas llevan ropas ofensivas, faldas cortas, camisas sin mangas con el fin de seducir los profesores.

AKIM BONI

¿Qué les motiva a tener relaciones sexuales con sus profesores?

PREGNON

Teniendo a su profesor como amante, sin lugar a ninguna duda, esta chica tendrá buenas notas en la asignatura de éste.

Ayer un profesor honrado me susurró al oído la vida de depravación de sus colegas en la ciudad verde.

Está construida por los ejecutivos de la región y aloja únicamente profesores. Las chicas visitan éstos muy tarde en la noche.

AKIM BONI *(irritado)*

¿En qué barrio se sitúa esta famosa ciudad verte?

PREGNON

Está en *djandjiboka*, unos metros de la panadería. Como lo dice el nombre está pintada toda de verde.

AKIM BONI *(todavía irritado)*

Le pido que organice un encuentro con todos los docentes al final de la semana. Les diré que no me gustan los comportamientos d algunos de ellos.

PREGNON

Sera una buena iniciativa este encuentro.

AKIM BONI

No puedo aceptar que los que están supuestos dar el conocimiento y la sabiduría a los alumnos lleven pendientes, vestidos extravagantes en mi liceo.

PREGNON *(vacilando la cabeza)*

Cuando yo era alumno, los maestros eran irreprochables. Llevaban vestidos dignos y elegantes, nos daban las clases con pasión. En la actualidad, todo ha cambiado… hace falta necesariamente un rediseño.

(El consejero de educación se levanta de su asiento, entrega el cuaderno al director y sale de la oficina

Escena 2

(El tiempo es agradable este sábado, sentados sobre grandes rocas observando con asombro a la gente bañarse en el inmenso rio costero, la Bia)

AKOUA

¡El rio es fabuloso! Como me impresiona su color negrero.

TIACOH

Sobre todo, los mangles en este inmenso río y las islas habitadas por pescadores que fascinan a la gente. Es lo que atrae turistas europeos.

Por desgracia, no lo ven como generador de ingresos y creador de empleos para la ciudad. No existe ninguna agencia de turismo en la ciudad que se preocupa eso.

AKOUA

Esta ciudad rebosa muchos puntos fuertes turísticos en peculiar, las islas de *la Bia*, el castillo rojo, las dos represas hidroeléctricas, el palacio real…

TIACOH

Te olvidaste mencionar los bailes tradicionales locales, en particular, *adégo* y *franternité*, los deliciosos platos, las vestimentas tradicionales de la comarca. Todo eso representa puntos clave para desarrollar el turismo.

AKOUA

La tasa de paro va aumentándose y el turismo puede permitir a muchos jóvenes ganar trabajo.

Para valorar el turismo, ganarían muchos construyendo hoteles, moteles, restaurantes, urbanizar las rutas pedregosas.

Cambiemos de tema, estoy embarazada desde hace dos meses.

TIACOH *(con voz alta)*

Sabes muy bien por el momento no trabajo así que no puedo asumir mis responsabilidades de padre. Si mi padre lo supiera sin lugar a ninguna duda, estaría en ira. Sería mejor que abortaras.

AKOUA *(de repente nerviosa)*

¿Me estas pidiendo que mate al feto? Es un crimen.

TIACOH

El aborto es la única solución al problema. No te olvides de que somos los dos alumnos y que dependemos financieramente de nuestros padres. Este embarazo inesperado puede perjudicar nuestros estudios.

AKOUA

Antes de tener sexo te rogaba que llevaras preservativo, pero ¿qué me contestabas? Que te encanta tener sexo sin condón, no deberías estar sorprendido del embarazo.

Yo, no arriesgaría mi vida con un aborto. Este ano, una chica de secundaria perdió la vida durante un aborto porque perdió mucha sangre.

TIACOH

Si te niegas a abortar podría que no aceptara la paternidad.

AKOUA

¡Eso veremos! Asumirás tus actos.

ACTO 4

Escena 1

(Akoua ya es madre de un lindo bebé. Un mes después del parto de su hija, Kassiya acompaña a su hija y el recién nacido a la familia del afortunado padre, Tiacoh.)

KASSIYA

¡Buenos días señor Beda!

BEDA

¡Buenos días señora! Siéntese por favor, como lo decimos de costumbre, ¿Cuáles son las noticias?

KASSIYA

Hay seguramente una mala noticia que no les va a gustar, ¿Dónde está su esposa?

BEDA *(la cara de repente asombra)*

Se fue a hacer compras. Hábleme de la noticia desagradable.

KASSIYA

Su hijo es padre de este recién nacido. Lo ha tenido con mi hija Akoua.

BEDA

Mi hijo es completamente inconsciente, ¿Señora, usted está segura de lo que dice?

KASSIYA *(mirando al hombre a los ojos)*

¡Por supuesto que su hijo es el afortunado padre del bebé! Desde hace más de dos años que su chico y mi hija son amantes y la visita regularmente.

BEDA

¿Qué espera de mí?

KASSIYA

Solo he acompañado a mi hija y el bebé a su nueva familia.

BEDA

¡Le pido que sea más clara!

KASSIYA

A partir de ahora, Akoua y su hijo vivirán con ustedes y tienen la responsabilidad de cuidarse de los dos, la madre y su hijo.

BEDA

No puedo aceptar un hijo bastardo en mi familia.

KASSIYA

Esté niño es legítimo, si su hijo usaba preservativos creo que no estuviéramos hablando de eso ahora.

Me despido de usted señor Beda. Usted es el anfitrión de mi hija y su hermoso nene. Cuídese bien de ellos.

Escena 2

(Akoua ya vive con la familia de su novio. Cocinando la papilla de su hijo, Tiacoh se une a ella, sigue una charla entre los dos

AKOUA

Tiacoh, la caja de lata de Dieudonné está vacía. Desde hace exactamente dos semanas que tu padre no nos ha dado dinero para los medicamentos del bebé.

TIACOH *(nervioso)*

Sabes muy bien que tanto como tu yo soy alumno, por lo tanto, no trabajo. ¿Por dónde quieres que saque el dinero para tus gastos?

AKOUA

El nene no pidió venir al mundo. Cuando se decide tener un hijo hay que estar listo para asumir la responsabilidad de padre.

TIACOH

¿Qué quieres decir? Tanto como yo eres responsable con respecto al chico.

AKOUA

Es cierto que tengo responsabilidades con respecto a nuestro hijo ya que soy yo su madre. Sin embargo, la gente te responsabiliza a ti por el futuro del recién nacido. Por si no entiendes, le debes educar, cuidar, escolarizar. Dado que eres alumno, tu padre es quien debe trabajar duro para asumir todas las necesidades de nuestro hijo. Te debe avergonzar que otra persona se cuide de tu hijo.

TIACOH *(riéndose a carcajada)*

Si alguien debe avergonzarse en esta casa, creo que eres tú.

AKOUA

¿Por qué me avergonzaría?

TIACOH

Deberías tener vergüenza por vivir en la casa de mi padre. Por haber tenido un hijo contigo, tu madre no se molestó en enviarte a vivir aquí.

AKOUA *(con una risa de burlona)*

¿Creías que mi madre se iba a ocupar de tu hijo? No es tan rica para ocuparse de los hijos de los demás.

TIACOH

Tu reacción no me sorprende ya que en casa de tu madre casi no coméis. El nacimiento de *Dieudonné* fue una ocasión para tu madre de encontrarte una familia de acogida. Tu madre no se preocupa de la moraleja solo el dinero le importa.

AKOUA *(llorando)*

No te permito hablar de esta manera de mi madre. ¡Qué ingrato eres! Ya te has olvidado todo lo que hizo por ti.

TIACOH

Una madre que incita al novio de su hija a dormir con ella en su casa, ¿es lo que llamas ayudar a alguien? Te debería avergonzar por tu madre. Si tuviera que dejar los estudios por tu culpa, nunca te lo perdonaría. Tengo ambiciones y les quiero llevar a cabo más tarde.

AKOUA *(mirando a los ojos de su novio)*

No eres el único que tiene ambiciones. Yo también tengo proyectos en el futuro.

(Tiacoh va al cuarto para descansar. Justo al mismo tiempo Makognon visita inesperadamente a su amiga)

MAKOGNON

Amiga espero que no te aburres en tu nueva familia. Nunca dejé de darte consejos, pero te negabas e seguirlos. ¿Pensaste un instante en tus estudios antes de concebir al niño? ¿qué tienes financieramente para ocuparte de tu hijo?

AKOUA *(con cabeza bajada)*

Intenté aplicarlos, pero Tiacoh se negaba a tener sexo con pres-ervativos. Me solía decir que los caramelos no se comen con el embalaje.

MAKOGNON

¡Tu novio es inconsciente! Cuando se tiene sexo sin condón se debe esperar a estas consecuencias. A día de hoy, las enfermedades de transmisión sexual y el sida deben ser destacadas son nuestro cotidiano.

AKOUA

Hablemos de otra cosa, aprendí que tu tío que vive en cada en Canadá está de vuelta al país.

MAKOGNON (*sorprendida*)

Nada se esconde en esta ciudad. Sí, mi tío efectivamente está aquí desde hace unos días. Está de vacaciones y aprovecha para visitar a la familia.

AKOUA*(riendo)*

Tu tío es un ejemplo de logro. Sin embargo, desearía que pusiera sus conocimientos en la medicina al servicio de su país. Desgraciadamente, lo ejerce en Canadá.

MAKOGNON (*alzando la voz*)

Después de sus brillantes estudios en Canadá, decidió servir este país para una razón.

AKOUA

¿Cuál es esa razón?

MAKOGNON

Aquí generalmente, los salarios son muy pocos. Mi tío siempre quiso servir a su país y sabía que eso le costara vivir con un salario de mínimo.

Desde que empezó su trabajo en Canadá, ha pisado dos enormes villas en la capital económica de nuestro país y ha comprado un vasto campo de cacao en nuestro pueblo.

AKOUA

¡Es cierto! Señor Ekégny, nuestro maestro vive en una casa construida en tierra. Me recuerdo que siempre nos repetía que su salario no le permitía investir despúes de gastos domésticos. Es decir que su salario solo le permite pagar los recibos de electricidad, agua, la renta…

MAKOGNON

Para que los funcionarios tengan el ánimo de trabajar, las autoridades deberían aumentar sus salarios para mejorar sus condiciones de vida. Es decir, apartarles de todos los problemas financieros. También mejorar sus condiciones de trabajo metiendo a su disposición caros para facilitar su transporte hasta el trabajo, dotar sus oficinas de materias de adecuados, ordenadores, teléfonos…

Bueno, me despido de ti, he pasado para tener noticias tuyas.

AKOUA

Muchas gracias por visitarme.

(Akoua acompaña a su amiga, de camino siguen conversando y riéndose)

Escena 3

(Sentado bajo una manguera, señor Beda hojean sus periódicos. Unos minutos después, llama a su hijo para conversar con él)

BEDA

Hijo mio, siéntate a mi lado.

TIACOH

Gracias padre.

BEDA

Te invito a hojear este periódico que compré hace pocas horas. Lee precisamente este artículo.

TIACOH *(empieza a leer el dicho artículo con mucha atención*

Papa, el articulo trata de un escándalo sexual en un liceo de la capital económica.

BEDA *(Alzando ligeramente la voz)*

Por supuesto que sí. La escuela a día de hoy se ha convertido en lugar de depravación, de libertinaje para los alumnos. No os molestéis grabar vuestras relaciones sexuales en las salas de clases para luego subirlas en las redes sociales. Según el periodista, el video fue visto por más de diez mil personas en internet a través del mundo.

TIACOH

Ayer mi vecino de la escuela habló largamente de este video, mientras conversábamos.

BEDA (*súbitamente nervioso*)

¡Cállate! Sois todos iguales, los padres se sangran para pagar los estudios para garantizar un futuro mejor. Y en vez de estudiar, lo que os interesa es exhibiros ante las cámaras de los teléfonos para grabaciones pornográficas en las escuelas. Al final de su artículo, el periodista lo dejo claro que se les suprimieron completamente de todas posibilidades de matricularse en cualquier colegio o liceo del país.

TIACOH (*bajando la cabeza*)

¡Qué vergüenza! Estos dos alumnos se cubrieron de ignominia.

BEDA (*Expresando una risa burlona*)

Me;PL

sorprende que les califiques de vergonzoso el acto de estos alumnos. Tanto 8

3como estos dos alumnos eres también inconsciente./

TIACOH (*con cara sombra*)

Padre no parezco a estos dos perversos.

BEDA (*expresando de nuevo una risa burlona*)

Sin exagerar, yo diría que eres peor que estos. Con mi salario mínimo de maestro, logré matricularte en una escuela secundaria privada, además, la que capacita mejor a los estudiantes en esta región. Este año, al estar en el último año, te compré todos los libros; sin olvidar la contratación un repetidor de alto rendimiento para que puedas asimilar fácilmente las lecciones ya estudiadas en la escuela. Tal vez lo ignoras, pero pedí prestada una gran cantidad de dinero a mi banco para que pudieras estudiar en buenas condiciones.

TIACOH

Soy tu hijo así que tienes la obligación de asumir mis estudios.

BEDA (*abofetea violentamente a su hijo*)

¡Cállate! ¡Te diriges a tu padre con tal insolencia! Te voy a decir que es en Europa y en los Estados Unidos de América donde hablan de los derechos de los niños. Aquí en África, los derechos de los niños son una trampa. Después de la bofetada que acabas de recibir, puedes irte por donde quieras; no habrá nada. Después de tantos gastos en tus estudios, me esperaba que me vinieras a blandirme al final del año escolar tu bachillerato. Desgraciadamente, me entregas un hijo bastardo que tuviste con la hija de Kassiya, una mujer que apena se alimenta ella misma y sin recursos financiaros para ocuparse de mi nieto. Por lo demás, estoy seguro de que vendrá rogarme los días que seguirán para que le dé dinero y alimento ya que el recién nacido une a las dos familias.

TIACOH *(llorando)*

Padre, mi hijo no es un bastardo.

BEDA *(riendo a carcajada)*

Que sorprendente que no sepas lo que significa la palabra bastardo. No me sorprende porque os expresáis mejor en nouchi o lenguaje de la calle. La palabra bastardo significa un hijo nacido fuera del matrimonio. Tu hijo no merece ser llamado Dieudonné. Porque es obra del mal. Su llegada ha aumentado los gastos. Sin procrastinar, he tomado una decisión desde que tu novia vino a vivir con nosotros.

TIACOH *(cabeza bajada)*

¿Cuál es esta decisión padre?

BEDA

Con la llegada de tu novia Akoua, mis pagos cotidianos han aumentado considerablemente. He decidido que dejes los estudios y que vayas a la capital para buscarte un trabajo; eres padre de un niño y tienes la responsabilidad de cuidárselo.

TIACOH *(sollozando)*

Quiero seguir con mis estudios, proyecto ser un ejecutivo de este país más tarde.

BEDA

No me puedo ocupar de ti y tu familia. Eres mi hijo mayor y por eso gasté tanto dinero en tu carrera escolar para que pudieras ayudar a tus hermanas cuando tengas un buen trabajo. A partir de ahora, voy a investir en las carreras de mis hijas ellas sí tienen ambiciones.

TIACOH *(se arrodilla ante su padre)*

Dame una segunda oportunidad. Es cierto que tuve un mal comportamiento, pero no es para esta razón que me a alejar de las clases.

BEDA *(levantándose de su silla)*

Aquí, soy el chef, ya he decidido y nadie me hará cambiar de opinion. Ya no te quiero ver en mi casa.

ACTO 5

Escena 1

(son exactamente las nueve, la escena se desarrolla a la estación de taxis. Salimata, visiblemente agotada por la caminata, viene a ver a su hermano mayor, Ladji.)

SALIMATA

¡Buenos días hermano! Disculpa por la visita imprevista.

LADJI

¡Buenos días hermana! No tienes que pedir disculpas, me alegro verte. ¿Qué me cuentas?

SALIMATA *(llorando)*

Desde ayer no hemos comido. Con la muerte de su mama mi esposo gasto tanto estos tiempos. Me gustaría que me prestaras dinero para que pueda alimentar a mi familia.

LADJI *(pone la mano en su bolsillo)*

Deja de llorar, hermanita. Toma esta suma de cien mil francos CFA; También le darás este sobre de cuarenta mil francos a mi cuñado. Soy tu hermano mayor, es mi deber ayudarte cuando tienes dificultades financieras

SALIMATA *(sonriendo de nuevo)*

Muchas gracias por ayudarme. Sabía que podía contar contigo. Voy de repente al mercado para hacer compras e ir a cocinar.

(Visiblemente entusiasmada, Salimata le da un abrazo a su hermano y se va por el mercado. unos metros lejos Affidan siguió la escena, se acerca a Ladji.)

AFFIDAN

Desde lejos, escudriñé lo que hiciste con tu hermana. Es muy raro hoy en día ver a un hermano ayudando a su hermana tal como lo haces.

LADJI

Amigo mío, es necesario compartir lo que uno tiene con su familia. No puedo tener una cuenta bancaria con mucho dinero y no ayudo a mi familia cuando está en necesidades.

AFFIDAN

Los pueblos del norte son muy solidarios entre ellos. En cambio, nosotros los del sur somos egoístas. En mi pueblo, es casi imposible que un pariente tráfico humano. Ayer, la gendarmería arrestó un camión que transportaba hombres hacia la capital.

LADJI *(sorprendido)*

¿Sabes de dónde proviene el camión?

AFFIDAN

Viene del país vecino. Como ya lo sabes, nuestra ciudad está a 15 kg del otro país.

LADJI *(siempre sorprendido)*

¿Qué vienen à buscar aquí?

AFFIDAN

Plagados por la pobreza en su país, vienen dando dinero a traficantes en búsqueda de un empleo. Estos les ayudan a cruzar la frontera con mucha discreción. Vienen para encontrar trabajo para ganar mucho dinero y enviar una parte a sus padres en su país.

LADJI

¿Se puede realmente hablar de tráfico humano?

AFFIDAN

Efectivamente que es un tráfico humano. Cuando llegan a su destinatario, los contrabandistas les dan fuertes sumos de dinero a los clandestinos para alquilar dormitorios y lo devolverán con una tasa de interés muy alta. Es un mercado negro y se desarrolla en un magma discreción.

LADI

¿Los países toman decisiones para detenerlo?

AFFIDAN

Los estados son conscientes del tráfico. Los aduaneros de los dos países deben colaborar aumentando la vigilancia en las fronteras. Deben ser mucho más estrictez durante los controles de cada vehículo y embarcación que cruza las fronteras terrestres y fluviales. Los gobiernos de nuestros dos países sobretodo deben dotar los puestos de los aduaneros de aparatos y materias adecuados. Es decir, nuevos y buenos vehículos, cámaras, botes a motor, armas sofisticadas. En otras palabras, materias de última generación para poder arrestar a muchos otros traficantes humano y narcotraficantes.

LADJI

Bueno, los pasajeros ya subieron y me están esperando más tarde seguiremos la plática.

(Ladji entra en su taxi y unos minutos después la maquina se desliza con una velocidad de locura en una carretera de asfalto.)

Escena 2

(Desde hace exactamente una semana que Tiacoh ha sido echado fuera de la casa por su padre, el joven ahora vive con su amigo Moularé. Enojada, Bomo conversa con su marido a propósito del porvenir de su hijo, la atmósfera es a menudo tensa)

BOMO *(se sienta en una silla en rafia)*

Querido marido, nuestro hijo no puede seguir viviendo afuera. Desde que le echaste no sabemos dónde vive. Esta ciudad está llena de drogadictos, delincuentes sexuales sin olvidar los asaltantes. Si mi hijo tragara droga o le agredieran nunca te lo perdonaría.

BEDA *(Tranquilo)*

No tienes que preocuparte por tu hijo, ya es un hombre por lo tanto sabrá luchar en la calle.

BOMO *(enojada)*

Mi chico solo tiene dieciocho años no es mayor de edad y te atreves a decir que ya es un hombre. Entonces, ¿me quieres decir que Tiacoh ya no es tu hijo?

BEDA *(mirándole a los ojos de su esposa)*

Lo entiendes perfectamente, este chico sin ambición ya no es mi hijo. Renuncié a él desde que ha tenido un hijo bastardo. Este hijo es maldito. Para responderte claramente, Tiacoh ya es un hombre puesto que es padre de un hijo. En África, él que tiene hijo está considerado como un hombre.

Cuando yo era alumno, estudiaba regularmente porque quería salir mis padres de la miseria. Luchaba no solo para mi futuro sino también para ayudar a mis padres. Como la mayoría de los jóvenes de aquella época tuve mis primeras relaciones sexuales a los veintiocho años. Mientras Tiacoh, él es padre a sus dieciocho años y todavía es alumno. Eso, si a ti no te da vergüenza a mí sí me da vergüenza, todo el barrio habla más que de nuestro nieto.

BOMO

Entiendo perfectamente tu resentimiento. Démosle una segunda oportunidad ayudándolo a aprobar su examen en serenidad.

BEDA

Ya no es mi hijo te lo dije. Y eres la culpable de todo lo que sucede. Mi padre me dijo esto, un hombre no tiene el lenguaje que tiembla cuando dice la verdad. No supiste educar a tu hijo.

BOMO

¡Eso, no lo acepto! En los días no laborables, pasas todo tu tiempo afuera jugando juegos de petanca o cartas. En otras palabras, nunca les das a tus hijos un poco de tiempo en casa, siempre estabas afuera. El papel de un padre, no es solamente alimentar, dar dinero a sus hijos sino también enseñarles las reglas de la sociedad, el mejor camino que seguir. Lo mejor que un padre puede ofrecer a sus hijos es supuestamente la educación.

BEDA *(cabeza bajada)*

Me voy a acostar en mi cama, más tarde seguiremos con la charla.

Escena 3

(La escena se desarrolla en el estudio de Moularé. Afuera, una lluvia torrencial cae sobre la ciudad. Los dos amigos juegan juegos de cartas mientras conversan.)

MOULARÉ

Como cada año, ya es la temporada y las lluvias torrenciales enlutan familias que viven en el barrio precario que está en las entrañas.

 Ayer en la mañana me fui en estas chabolas y me parece inadmisible que haya gente que vive en este lugar muy peligroso.

MOULARE

El año pasado, el gobierno ofreció a cada habitante de este barrio un terreno y una cantidad importante de dinero para encontrarse otras casas en un nuevo lugar.

TIACOH

¿Y qué hacen aun en este barrio peligroso?

MOULARE *(de repente en silencio)*

Están obligados quedarse ya que vendieron los terrenos que les ofreció el gobierno. Estos habitantes ignoran sin duda los peligros a los que están expuestos.

TIACOH *(en seguida nervioso)*

El Estado les dio terrenos para que pudieran irse de esta precariedad que en realidad es un peligro potencial para ellos. Solo basta con una fuerte caída de lluvia y este barrio estará sumergido por el agua sin olvidar los terremotos.

¿Cómo se puede vender un terreno ofrecido gratuitamente y preferir vivir en una zona de riesgo?

MOULARE

Quedan pocos días el gobierno destruirá este peligroso sitio. Aunque vendieron los terrenos se servirán del dinero de la venta para alquilar casas cómodas en otros barrios.

TIACOH *(Alegre)*

La destrucción de este sitio ayudará a evitar pérdidas en vida humana, no me gustaría ver cadáveres merodeando en las calles.

MOULARE

Para escolaridad no pagada, te echaron de la escuela a principios de esta semana. Es menester conseguir dinero con tu padre o tu madre para volver a la escuela; estamos a un mes de los exámenes.

TIACOH *(tosiendo)*

Es cierto, los exámenes están acercándose poco a poco. No puedo pedir dinero a mi padre éste no dudó en echarme de su casa después del nacimiento de mi hijo Dieudonné. En cambio, iré a cobrar veinte mil francos con mi madre para completar mi escolaridad.

MOULARE *(Acariciando el pelo)*

¡Me siento aliviado que lo digas! Eres un estudiante brillante y estoy convencido de que aprobarás al bachillerato. Por el momento, estás pasando por una prueba, pero no te impedirá lograr tu examen. Todo hombre se enfrenta a dificultades en su vida, hay que enfrentarlas y superarlas.

TIACOH

Te agradezco por aceptarme en tu casa. Cuando apruebe mi examen mi padre estar feliz y talvez me podría pedir que regresara a casa.

MOULARE

Fue por enojo que tu padre te pidió que te fueras de la familia. Su ira se explica por el hecho de que has aumentado sus gastos con la llegada de tu hijo y su madre.

(Mientras seguían conversando, Bomo toca y entra despacio. Tiacoh está sorprendido y contento a la vez de verla. La señora saluda los dos chicos y se instala en una silla en rafia. Un momento después, Moularé sale de casa y deja su amigo y su madre)

BOMO *(sonriendo un largo momento)*

Estoy demasiado contenta de verte desde que te fuiste de la casa. Tu novia me informó esta mañana de que vives en casa de tu amigo. Toma este sobre adentro hay cincuenta mil francos. Una parte para la escuela y otra parte para tus necesidades.

TIACOH *(abraza a su madre)*

Muchas gracias mama. Mañana por la mañana iré a pagar lo que queda de la escolaridad. ¿Cómo están mi hijo y su madre?

BOMO *(un silencio)*

Se portan muy bien, solo lo que pasa es que tu padre nos arruina la vida. No deja de gritar por encima de la pobre Akoua, nunca toma su nieto en sus brazos. diría que ignora la presencia del recién nacido.

TIACOH *(la cara asombra)*

Espero que mi padre se porte muy bien también. Lucharé para lograr mi examen.

BOMO

Si, tu padre está bien. Sé que eres valiente por eso aprobarás a tu examen. Mi padre me decía siempre esta frase la historia siempre se acuerda de los audaces. Bueno, me voy a despedir de ti, pero vendré de nuevo antes de los resultados del bachillerato.

(visiblemente contento, Tiacoh acompaña a su madre. Luego de unos minutos de caminata, Bomo coge un taxi con rumbo al centro urbano.

Escena 4

(como de costumbre la atmosfera está muy caliente en el mercado. Las vendedoras gritan para llamar a los clientes. Bomo y Akoua están en busca de frutas y verduras. Un instante después, una señora con voz lánguida llama las dos mujeres.)

BLAMI VICTOIRE *(sonriendo)*

¡buenos días señoras! Acérquense, vendo legumbre de buena calidad.

BOMO

¡buenos días señora! ¿Cuánto cuesta la pila de okra y de tomate?

BLAMI VICTOIRE

La pila de okra cuesta quinientos francos y la de tomate lo vendo por cuatrocientos francos.

BOMO

Cada semana, los precios de los productos alimenticios alzan. Con esta velocidad la cesta de compra se vaciará.

BLAMI VICTOIRE

Señora, los precios al mayor no dejan de alzar cada día. Cuando vendemos al por menor estamos obligadas de aumentar los precios de las vituallas para evitar pérdidas.

BOMO

Sírvame dos pilas de okra y cinco de tomate. A día de hoy, la plástica está reemplazando la cesta de compra por falta de dinero con el aumento de los precios.

BLAMI VICTOIRE

Le entiendo perfectamente, los precios de los productos alimenticios aumentan cada día. Pero yo estoy obligada aumentar como recomienda el colectivo de mujeres vendedoras de frutas y legumbres para ganar algo de beneficio.

Desde que obtuve mi licencia en ciencias económicas me cuesta muy difícil encontrar un empleo. Así que para no quedarme en casa y pasar el tiempo sin hacer nada prefiero vender verduras para no depender de alguien.

BOMO *(estupefacta)*

¡con una licencia no encuentra ningún empleo en este país?

¡qué triste es lo que dice! Mi tío fue director de escuela con solo un diploma concedido a los cuatro años de estudio secundario hace más de veinte años y el estado le ofreció una casa y un coche.

BLAMA VICTOIRE

Esta época revolucionó. Contrariamente a la época de su tío, actualmente somos millones de habitantes. Los estados solo se enfocan solamente en la formación de los jóvenes creando muchos institutos y universidades sin preocuparse de la creación de empleos para inserción social de éstos más tarde en el futuro.

Para no vagar, algunos jóvenes ejercen actividades generadoras de ingresos tales como el comercio, alquiler de coche…

BOMO *(súbitamente silenciosa)*

Lo que dices es correcto. Es inadmisible que los que tiene diplomas no encuentren ningún empleo.

Sería mejor que el gobierno les otorgara préstamos a estos jóvenes para reducir el paro en el país. También puede construir empresas en las diversas regiones del país con el fin de acrecentar el crecimiento económico y animar el consumo en todo el país.

BLAMI VICTOIRE

Espero que las autoridades entenderán lo que dice.

BOMO *(mirando su reloj)*

Como el tiempo pasa muy rápido, todavía me quedan compras que hacer. Entonces me despido de usted, ¡excelente día!

(Bomo y Akoua siguen circulando en mercado. Unos minutos más tarde, se detienen para comprar carne.)

ACTO 6

Escena 1

(Después de la compra de sus boletos, Beda y su esposa se instalan en el caro de transporte. Un instante después, la maquina se aleja de la estación resbalando sobre la calle asfaltada. Asentados uno al lado del otro, Beda y Bomo conversan.)

BOMO *(alegre)*

Es mi secundo viaje a tu pueblo natal. Espero que pasaré buenos momentos. Espero también que esta vez no nos alojaran en la casa familiar.

BEDA *(mirando un momento a su esposa)*

Lamento decirte que pasaremos la temporada en familia. Recién, me compré un terreno en la capital.

BOMO *(atónita)*

¡Qué negligencia! No esta malo tener un terreno en la más grande de las ciudades. No obstante, debes construir primero una casa en tu pueblo natal, es una cuestión de honor.

BEDA

A principios de esta semana, el enfermero Djilahou murió misteriosamente después de haber comprado un campo de hevea en nuestro pueblo. El mes pasado, el notario, Kétébré se volvió loco luego de construir una pintoresca villa en el pueblo. Cuando los ejecutivos invierten aquí, les pasa algo en los días que siguen.

BOMO

¡triste África! ¿Por qué destruyen a los ejecutivos con la brujería? ¿Sobre todo los que quieren contribuir a su desarrollo?

BEDA *(Triste)*

Yo jamás pienso en construir una casa en mi pueblo. No me gustaría entregar a los hechiceros.

BOMO *(mirando por la luna)*

¡Qué magnifico paisaje! La vegetación no solo es densa sino también verdece.

BEDA

Sin ser chovinista, puedo decir que tenemos un lindos país. Donde se encuentra monumentos, infraestructuras de calidad, grandes ríos, buenas prestaciones de transporte…

BOMO

Es cierto, por esta razón atrae un montón de turistas. Sin embargo, sin embargo, el estado tiene que solucionar el problema del deslastre.

BEDA

Los apagones repetitivos además de estropear los aparatos reducen las actividades económicas.

Desde que la electricidad está limitada en el país, los ricos usan grupos electrógeno o energía solar para alumbrar sus casas. En cambio, a los pobres, alumbran sus domicilios con lámparas o velas.

BOMO

Tres embalses hidroeléctricos no bastan para satisfacer a las poblaciones. Hace falta construir otros embalses para cumplir este déficit.

BEDA

Me cuesta entender el porqué del deslastre. En el pasado, estos embalses nos proporcionaban la electricidad sin enfrentarse a ningún apagón.

¿Por qué ahora no pueden producir esta electricidad que producían antes?

BOMO *(Abre los ojos de en par)*

Actualmente vivimos el deslastre pues la población va creciendo considerablemente. Así que los tres embalses que producían en el pasado suficientemente energía para la población no pueden ahora.

<h1 align="center">Escena 2</h1>

(El tiempo es relajado, Beda y su esposa toman una copiosa comida. También hablan de su estancia en el pueblo.)

<h3 align="center">BOMO</h3>

La estancia se acaba mañana, me gustaría que quedáramos dos días más.

<h3 align="center">BEDA</h3>

Yo en cambio, tengo prisa por volver a la ciudad. Mañana por la mañana nos acudiremos de repente a la estación.

<h3 align="center">BOMO (Silenciosa)</h3>

¿Qué anda mal marido mío? ¿Tuviste disputas con algunos miembros de la familia?

<h3 align="center">BEDA (se seca la cara con un pañuelo)</h3>

Hace demasiado calor en estos tiempos. Desde que llegamos mis padres no dejan de quejarse. O sea, dicen que no invierto suficientemente en la familia. Lo que más me dolió es que dicen que gasto todo mi dinero en ti en nuestros hijos. Mientras trabajo para mejorar las condiciones de mi familia, es algo normal.

BOMO *(en seguida calma)*

Es la ideología africana. Te aconsejo no hacer caso a estas palabras. Según lo que dicen tus padres, ¿Quién se debería cuidar de mí y nuestros hijos? Es inconcebible que personas sanas se niegan a trabajar y esperar una ayudar financiara por parte de su pariente para vivir. Tus tíos, primos, y sobrinos pueden trabajar y así no solo cobraran dinero sino les ocupara. ¿qué esperan jugando a juego de damas todo el día?

BEDA

No quieren trabajar porque tienen algo para comer. Trabajarán cuando no tengan ni comida.

¿En qué día salen los resultados del bachillerato? Espero que Tiacoh lo lograra. De hecho, es la única oportunidad para le perdone su error.

BOMO *(Sonriendo)*

Ayer, hablé con él por teléfono y me aseguro que va a lograr a su examen. Me encantaría que lo aceptaras de nuevo a casa cual que sea su resultado escolar. Es nuestro hijo, es tu hijo.

BEDA

¡Vale! Acepto que vuelva a casa.

Escena 3

(contrariamente a su amigo Moularé, Tiacoh ha logrado su examen, contento y entusiasmado, el joven va a casa de sus padres.)

TIACOH *(abraza a su padre)*

¡he logrado a mi bachillerato con nota notable!

BEDA

Estoy orgulloso de ti. Sabía que aprobaras tu examen

TIACOH

¿Dónde está mama? ¿Dónde están mi hijo y su madre?

BEDA *(entusiasmado)*

Como de costumbre, se fueron a hacer compras al mercado. No tardarán más, siéntate justo a mi lado. ¿Y tu amigo, lo ha logrado también?

TIACOH *(de repente frio)*

Desgraciadamente, Moularé ha fracasado. Solo le faltaron cinco puntos para lograr. El ano que vendrá, espero que será el mejor.

BEDA *(silencioso)*

Que tu amigo se recupere de su fracaso. Te presento mis disculpas por haberte tratado de hijo maldito o detestable. ¿Te gustaría volver a casa?

TIACOH *(llorando)*

Papa, no estoy resentido contigo. Reconozco que tuve una mala actitud teniendo un hijo mientras aún estoy bajo tu responsabilidad. Vuelvo a casa esta tarde. Iré a recuperar mis equipajes en casa de mi amigo después del almuerzo con vosotros.

BEDA

Ahora que has logrado tu bachillerato, ¿qué desearías hacer?

TIACOH

Papa, me gustaría matricularme a la universidad en la facultad de historia y geografía. Me apasionan estas dos asignaturas.

BEDA

¡Está bien! Tienes todo mi apoyo para tener una buena carrera universitaria. Acabo de informar a tu madre de la buena noticia por teléfono.

TIACOH *(siempre alegre)*

¡gracias papa!

(Unos minutos más tarde, Bomo atraviesa el umbral de la casa, se tira en las manos de su hijo antes de espolvorearle. Luego de eso el joven abraza a su amante y toma en sus brazos su hijo Dieudonné.

Es hora de comer, la familia se reúne para tomar una copiosa comida. El ambiente, la paz y la estabilidad reina de nuevo en la familia.)

Abidjan, 25 de julio de 2013

Printed by Books on Demand GmbH, Norderstedt / Germany